पंडित दीनदयाल उपाध्याय

(जीवन कथा)

पंडित दीनदयाल उपाध्याय

संजय दुबे

श्रृंखला सम्पादक

लीलाधर मंडलोई

वाणी प्रकाशन ग्रुप

भारतीय ज्ञानपीठ

वाणी प्रकाशन : भारतीय ज्ञानपीठ की पुस्तकों के एकमात्र प्रकाशक एवं वितरक

सजिल्द पहला संस्करण : 2017
सजिल्द दूसरा संस्करण : 2024

शिक्षोदय ग्रन्थमाला : ग्रन्थांक 053

प्रकाशक
वाणी प्रकाशन ग्रुप
4695, 21-ए, दरियागंज, नयी दिल्ली-110 002
फ़ोन : 011-23273167, 23275710
ईमेल : sales@vaniprakashan.in

ISBN : 978-93-263-5540-7

पंडित दीनदयाल उपाध्याय
(जीवन-कथा)
संजय दुबे

PANDIT DEENDAYAL UPADHYAY
(Jeevan-Katha)
by Sanjay Dubey

मुद्रक : आर. टेक ऑफ़सेट प्रिंटर्स, दिल्ली-110 032

Price: 295

भारत के भविष्य युवा : साथियों के लिए

मेरी बात

पंडित दीनदयाल उपाध्याय विलक्षण प्रतिभा के व्यक्ति थे। मैंने बचपन से ही उनके विचारों और जीवन शैली के विषय में समाचार-पत्रों और उन पर प्रकाशित बाल साहित्य के माध्यम से पढ़ा। जब भी मैंने पढ़ा, तो मेरे मन में उनके लिए एक सवाल सदैव आता रहा है कि क्या वास्तव में कोई व्यक्ति ऐसा भी हो सकता है जिसके बचपन में ही अपना सब कुछ खत्म हो चुका हो। उसके बाद भी वह मातृभूमि के लिए इतना कुछ कर जाए, जिसकी एक आम आदमी कल्पना भी नहीं कर सकता।

हमारे माननीय प्रधानमन्त्री श्री नरेन्द्र मोदी जी ने जब दीनदयाल जी की 100 वीं जन्म शती मानने की घोषणा की तो मुझे यह प्रेरणा मिली कि जिस प्रतिभा को पढ़कर मैं बचपन से ऊर्जावान हो रहा हूँ क्यों न हमारे देश के सभी बच्चों को उस प्रतिभा से परिचित करवाया जाए। जिसने किसी भी परेशानी में हारना नहीं सीखा। वह कभी भी जीवन से निराश नहीं हुए। अगर ईश्वर ने उनके लिए एक रास्ता बन्द कर दिया तो वह शीघ्र ही दूसरा रास्ता बना लेते थे। वह आम जन की तरह निराशा में डूबकर समय नष्ट नहीं करते थे। उन्होंने हर परेशानी को हराकर आगे चलना ही सीखा था। वह अपने लक्ष्य

की ओर सदैव बढ़ते रहे। साथियों का आना-जाना लगा रहा, लेकिन वह उनके आने-जाने से कभी नहीं रुके । मुझे विश्वास है कि इस पुस्तक को पढ़कर युवा पीढ़ी लाभान्वित होगी।

—संजय दुबे

बच्चे को शिक्षा देना समाज के अपने ही हित में है। जन्म से मानव पशुवत पैदा होता है। शिक्षा और संस्कार से ही वह समाज का अभिन्न घटक बनता है।

—पंडित दीनदयाल उपाध्याय

पंडित दीनदयाल उपाध्याय

तेरा जीवन अँधेरों से रहा जूझता।
तू देता रहा दूसरों को रोशनी सदा॥

भारतीय संस्कृति की गौरवशाली ज्ञानधारा निरन्तर बहती रही है। यह जब भी शिथिल होने लगती है, तभी इस संस्कृति को नया रूप देने और मानवता का पाठ पढ़ाने कोई न कोई आगे आता है। वह अपने जीवन की मुश्किलों को तो हल करता ही है, साथ ही इस संस्कृति को नया रूप देता है। यह प्रक्रिया प्राचीन काल से चली आ रही है। इस धारा को गति देनेवाले महापुरुषों में से एक हैं—पंडित दीनदयाल उपाध्याय। सन् 2016 में उनकी जन्म सदी मनाई जा रही है। उपाध्याय जी अपने विचारों से आज भी उतने ही प्रासंगिक हैं जितने की वह अपने समय में थे। आज वो हमारे बीच नहीं रहे फिर भी उनके विचार हमारी धरोहर हैं। पंडित जी का जीवन-काल अन्य कई महापुरुषों की तरह कम रहा, लेकिन उन्होंने जो दिशा प्रदान की वह बहुत महत्त्व की है।

दीनदयाल जी का जन्म निम्नमध्यवर्गीय ब्राह्मण परिवार में हुआ। उनके परदादा पंडित हरीराम उपाध्याय जी क्षेत्र के प्रसिद्ध

पंडित डोगरा जी और उनके पुत्रों के साथ दीनदयाल जी

ज्योतिषी थे। वे श्री कृष्ण की जन्म स्थली मथुरा के निकट नगला चन्द्रभान ग्राम में निवास करते थे। उनके तीन पुत्र हुए—भूदेव, रामप्रसाद तथा रामप्यारे।

श्री रामप्रसाद के पुत्र थे श्री भगवती प्रसाद। श्री भगवती प्रसाद का विवाह श्रीमती रामप्यारी से हुआ। जो बहुत ही धर्मपरायण और उच्च आदर्शों को माननेवाली महिला थीं। ऐसी आदर्श माँ से आश्विन कृष्णपक्ष त्रयोदशी संवत् 1973, (25 सितम्बर, 1916) को पुत्र का जन्म हुआ। बालक के आभामंडल से उसका भविष्य नजर आ रहा था। पिता भगवती प्रसाद ने सनातन धर्म से अनुसार बालक का नामकरण पंडितों के द्वारा करवाया। बालक का नाम दीनदयाल रखा गया जिसे परिवारवालों ने प्यार से दीना-दीना कहकर पुकारा। परिवार में दो वर्ष बाद एक और बालक ने जन्म लिया उसका नाम शिवदयाल रखा गया जो दीनदयाल के जी छोटे भाई थे।

दीनदयाल के पिता जलेसर में सहायक स्टेशन मास्टर थे। रेलवे की नौकरी होने के कारण उनके पिता का अधिकतर समय बाहर ही बीतता था। कभी-कभी छुट्टी मिलने पर ही घर आते थे। घर में संयुक्त परिवार की परम्परा थी। सभी सदस्य एक साथ रहते थे जिससे घर में कलह की स्थिति बनने लगी। उसको देखते हुए, पिता भगवती प्रसाद ने बच्चों को ननिहाल भेज दिया। उस समय उनके नाना चुन्नी लाल शुक्ल धनकिया में स्टेशन मास्टर थे। दीनदयाल जी का ननिहाल फतेहपुर सीकरी के पास आगरा जिले में गुड की मंढई नामक ग्राम था। ढाई वर्ष की अवस्था में जब वह ननिहाल आये तो फिर कभी वापस अपने घर नहीं जा सके। कुछ समय बाद उनके पिता का देहान्त हो गया। इस दुख से उनका परिवार टूट-सा गया। माँ पिता के वियोग में ऐसी डूबीं कि उन्हें क्षय रोग हो गया। तब दीनदयाल जी तीन वर्ष के थे। अपने ममेरे भाइयों के साथ बचपन में खेलते-खाते बड़े होने लगे। 8 अगस्त,1924 को उनकी माँ उन्हें अकेला छोड़ इस दुनिया से विदा हो गयीं। सात वर्ष की अवस्था में ही दीनदयाल के जीवन से माँ और बाप दोनों जुदा हो गये। जो दुख ईश्वर ने उनके जीवन में दिया उसको तो वह स्वयं नहीं समझ पाये

दीनदयाल जी

समारोह में

थे। उनके छोटे भाई शिवदयाल 5 वर्ष के थे। दोनों भाई अपने नाना जी के साथ रहने लगे। नियति ने कुछ और ही सोचा था। माँ के देहान्त को दो ही वर्ष हुए थे कि नाना चुन्नीलाल का भी स्वर्गवास हो गया। नाना के जाने का सर्वाधिक दुख दीनदयाल जी को हुआ। वह बालक जो अभी अपने जीवन के 10 वर्ष भी पूरे नहीं कर सका था कि माँ-बाप और नाना का साया ही सिर से हट गया। उनके मामा-मामी ने, इन दोनों भाइयों को अपने गले से लगाया और अपने मातृत्व प्रेम से उनके दुख को दूर करने की कोशिश की।

इसी दौरान उनके मामा राधारमण के घर एक रात कुछ डाकू घुस आये। एक डाकू ने दीनदयाल को जमीन पर पटक दिया और उनके सीने पर पैर रखकर मामी को कहा कि तुम अपना सारा कीमती समान दे दो। वरना तुम्हारे इस पुत्र को हम मार डालेंगे। ऐसा सुन मामी रोते-रोते अपने कीमती सामान उनको देने लगी। तभी

शिक्षकों के साथ

दीनदयाल ने डाकू से कहा कि मैंने सुना है कि डाकू तो गरीबों की रक्षा करते हैं और अमीरों को लूटते हैं। आप कैसा अन्याय कर रहे हैं। बालक की ऐसी बातों को सुन डाकू के सरदार का मन बदल गया। और उसने बिना कोई सामान लिए अपने साथियों को वापस चलने को कहा।

ऐसी विपरीत परिस्थितियों में नौ साल की आयु तक उनकी पढ़ाई की कोई व्यवस्था नहीं हो सकी। 1925 में मामा ने उन्हें प्राथमिक विद्यालय में भर्ती करवाया। परिवारवालों पर निरन्तर आ रही आपदाओं के कारण घर में दुख और तनावपूर्ण वातावरण रहता था।

दीनदयाल की पढ़ाई की व्यवस्था हुई थी कि दूसरी कक्षा में आते ही मामा राधारमण को टी.बी. की बीमारी हो गयी। इलाज के

विद्यार्थी संघ में

लिए लखनऊ ले जाना था। कोई रिश्तेदार बीमारी के छूत के डर से ले जाने को तैयार न था। दीनदयाल ने कहा कि मैं आपको लखनऊ ले जाऊँगा। दीनदयाल मामा को लेकर लखनऊ में लम्बे समय तक रहे। उनकी सेवा बिना किसी छुआछूत और डर के की।। जब मामा ठीक हो गये। तो वह उनके साथ मार्च, 1927 में घर लौटे।। तभी उनकी परीक्षा नजदीक आ गयी। उन्होंने परीक्षा दी और अपनी कक्षा में प्रथम स्थान प्राप्त किया।

1929 में मामा ने उन्हें कोटा में पाँचवीं कक्षा में भर्ती करवाया जहाँ उन्होंने सातवीं तक की पढ़ाई की। कक्षा आठवीं और नौवीं की पढ़ाई राजगढ़ में हुई।

मामा की आर्थिक स्थिति ठीक न थी। इस कारण उनके बेटे बनवारी लाल और दीनदयाल दोनों की पुस्तकों का एक ही सेट था क्योंकि वे दोनों एक ही कक्षा में पढ़ते थे, तो यह तय किया गया

था कि पहले बनवारी लाल उन पुस्तकों को पढ़ेगा, जब वह सो जाएगा तो दीनदयाल उन्हीं पुस्तकों को पढ़ेंगे। इसलिए दीनदयाल घरवालों को रात्रि में मेरे पढ़ने से कष्ट न हो, ऐसा सोच कर लालटेन के कम उजाले में पढ़ा करते थे।

जब वह नौवीं की पढ़ाई कर रहे थे तभी उनके छोटे भाई शिवदयाल को टायफाइड हो गया। नवम्बर, 1934 में उनके भाई का देहान्त हो गया। 1935 में नानी का देहान्त होने से दीनदयाल एक बार फिर बहुत दुखी हो गये। लेकिन वह परिस्थितियों से हारे नहीं जिन्दगी की लड़ाई आगे लड़ने के तैयार हुए।

दसवीं की परीक्षा उन्होंने सीकर से दी। समस्त अजमेर बोर्ड में सर्वप्रथम स्थान रहे। जिस पर सीकर के महाराजा कल्याण सिंह ने उनसे पूछा कि तुम्हें क्या उपहार चाहिए। दीनदयाल ने उत्तर दिया कि मुझे केवल आपका आशीर्वाद चाहिए। राजा ने उन्हें स्वर्ण पदक, 250 रुपये व दस रुपये प्रति माह की छात्रवृत्ति प्रदान की।

इंटरमीडिएट की परीक्षा उन्होंने 1935 में पिलानी से दी। उसमें भी पुनः अजमेर बोर्ड में प्रथम स्थान प्राप्त किया। जिस पर घनश्याम बिड़ला ने उन्हें स्वर्ण पदक, 250 रुपये एवं दस रुपये प्रति माह की छात्रवृत्ति प्रदान की।

श्री बिड़ला जी ने उनकी इस उपलब्धि पर एक अच्छी नौकरी का प्रस्ताव भी दिया, जिसे विनम्रतापूर्वक दीनदयाल जी ने अस्वीकार कर दिया। इसका कारण पूछने पर उन्होंने कहा कि मैं आगे पढ़ाई करना चाहता हूँ। इस पर बिड़ला जी ने उनसे कहा कि 'बेटा तुम्हारे लिए मेरे यहाँ सदैव स्थान खाली रहेगा। तुम जब चाहो आ जाना।'

1937 में दीनदयाल बारहवीं पास कर स्नातक की उपाधि प्राप्त करने के लिए कानपुर गये। वहाँ उन्होंने सनातन धर्म कॉलेज, कानपुर

राष्ट्रीय स्वयंसेवक संघ के प्रचारकों के साथ

में प्रवेश लिया। वहीं उनकी मित्रता राष्ट्रीय स्वयंसेवक संघ के स्वयंसेवक श्री सुन्दर सिंह भंडारी और श्री बलवन्त महाशब्दे से हुई। भंडारी जी बाद में 'अखिल भारतीय जनसंघ' और 'भारतीय जनता पार्टी' के वरिष्ठ नेता के रूप में प्रसिद्ध हुए। इन दोनों मित्रों के माध्यम से उन्हें स्वयंसेवक संघ के विषय में जानकारी लगी। वह संघ के सम्पर्क में आये। धीरे-धीरे संघ के माध्यम से राष्ट्र सेवा के विचार दिल में जगह बनाने लगे। बाबा साहब आप्टे और दादा राव परमार्थ के साथ दीनदयाल जी की अनेक सामाजिक और राष्ट्रीय मुद्‌दों पर गम्भीर चर्चाएँ होने लगीं। उन्होंने ही दीनदयाल जी को संघ की शाखाओं में भाग लेने एवं भाषण सुनने को कहा। अब वह धीरे-धीरे संघ की गतिविधियों में भाग लेने लगे। कानपुर में ही उन्होंने एक बार प्रसिद्ध क्रान्तिकारी वीर विनायक दामोदर सावरकर का भाषण सुना और उन्हें संघ की शाखा में निमन्त्रित किया। वास्तव में

सावरकर जी के साथ

वे उनके भाषण से बहुत अधिक प्रभावित हुए थे। जब सावरकर का भाषण समाप्त हुआ तब शाम का समय था। दीनदयाल जी कुछ अन्य स्वयंसेवकों के साथ उनके पास पहुँचे और उनसे संघ की शाखा में आने का आग्रह किया, जो छात्रावास में लगती थी। सावरकर जी ने उत्तर दिया कि अब तो अवसर नहीं है, क्योंकि मुझे सुबह सात बजे की गाड़ी से चले जाना है। हाँ, अगली बार अवश्य आऊँगा। दीनदयाल जी ने कहा कि आप अगर सुबह पाँच बजे का समय दे दें तो काम चल जाएगा। सावरकर जी बोले हमें इस समय पर कोई आपत्ति नहीं हैं। किन्तु ऐसे समय में मेरे जाने का कोई लाभ नहीं होगा।

दीनदयाल जी ने कहा—'आप समय तो दे दीजिए बाकी सब हो जाएगा। उनके हाँ कहते ही दीनदयाल जी बहुत प्रसन्न हो गये। उनके प्रयासों से अगले दिन समय पर सब लोग उपस्थित थे।

प्रमुख कार्यकर्ताओं के साथ

सुनियोजित ढंग से कार्यक्रम सम्पन्न हुआ। सावरकर जी दीनदयाल जी की ऐसी तत्परता और निष्ठा देखकर बहुत प्रभावित हुए। उन्होंने अपने भाषण में कहा—'मैं सुना करता था कि डॉ. हेडगेवार जी संघ का कार्य करते हैं। यह भी सुना था कि नागपुर में ऐसी शाखा लगती है, किन्तु आज उसका जो स्वरूप मैंने नजदीक से देखा है, जिस तरह इतने कम समय में अल्प सूचना पर मैंने यह एकत्रीकरण देखा, अनुशासन देखा उससे मुझे विश्वास हो रहा है कि यह कार्य राष्ट्र को शक्तिमान बनाएगा। मेरी कामना है कि यह कार्य पूरे देश में फैले।'

दीनदयाल जी ने संघ कार्य और समाज सेवा से पढ़ाई को बाधित नहीं होने दिया। वह संघ का कार्य जितनी निष्ठा और लगन से करते थे, साथ ही पढ़ाई पर भी उतना ही ध्यान देते थे। तभी उन्होंने 1939 में प्रथम श्रेणी से बी.ए. पास किया। अब वह एम.ए. करने के लिए आगरा चले आये। उन्होंने देश के सबसे पुराने एवं प्रतिष्ठित कॉलेजों में एक सेंट जोंस कॉलेज, में अँग्रेजी साहित्य में प्रवेश लिया। आगरा

साथियों के साथ

आकर भी वह संघ के कार्यों में उतनी ही तत्परता से लगे रहे। यहाँ उनकी भेंट प्रसिद्ध विचारक और संगठन के कार्यकर्ता श्री नानाजी देशमुख से हुई। जिसने दीनदयाल जी को आगे राष्ट्रभक्ति और समाज सेवा के लिए प्रेरित किया। वास्तव में डॉ. हेडगेवार जी के निधन के बाद सन् 1940 में श्री नाना जी और श्री भाऊराव जुगादे को संघ का कार्य प्रारम्भ करने के लिए ही आगरा भेजा गया था। दीनदयाल जी के साथ ये दोनों लोग एक किराये का कमरा लेकर रहने लगे।

दीनदयाल जी का स्वभाव बड़ा ही सरल और सेवाधर्मी था। वे किसी के कार्य को इनकार नहीं करते थे। छोटे भाई शिवदयाल को वे लम्बे समय तक पालते, इसका अवसर उन्हें नहीं मिला, लेकिन छोटे भाई के प्रति सेवा स्नेह का दायित्व उन्हें सदा स्मरण रहता था। भाई के बीमार पड़ने पर दीनदयाल जी ने उसकी सेवा के लिए पढ़ाई छोड़ी, साथ ही डॉक्टर से उपचार का लाभ न होने पर स्वयं भी आयुर्वेदिक चिकित्सा करने की कोशिश की।

अधिवेशन में

एक बार की बात है जब वह एम.ए. अन्तिम वर्ष की पढ़ाई कर रहे थे, उनकी एक ममेरी बहन श्रीमती रमा देवी अपनी चिकित्सा करवाने के लिए उनके पास आगरा आयीं। उनकी सेवा की सारी जिम्मेदारी अपने ऊपर ले ली। अब दीनदयाल जी के पास तीन काम हो गये। एक तो बहन की सेवा जिनका स्वास्थ्य दिन-प्रतिदिन गिरता ही जा रहा था। दूसरा संघ का कार्य जो निरन्तर बढ़ता जा रहा था। तीसरा कार्य था एम.ए. की परीक्षा का नजदीक आना। ऐसे में तीनों कार्यों को पर्याप्त समय नहीं दे पा रहे थे। अतः दीनदयाल जी ने अपनी परीक्षा छोड़ दी और बहन की सेवा में पूरी तरह लग गये। कुछ ही समय में बहन का स्वर्गवास हो गया, जिससे दीनदयाल जी को दुख हुआ। इधर परीक्षा छोड़ने से उनको मिलनेवाली छात्रवृत्तियाँ जो महाराजा कल्याण सिंह और सेठ घनश्याम बिड़ला द्वारा दी जाती थीं बन्द हो गयीं। इस कारण जीवन में थोड़ा और संघर्ष बढ़ा लेकिन दीनदयाल जी ने इसकी चिन्ता नहीं की।

श्री नानामुख देशमुख स्वयं दीनदयाल जी की ईमानदारी की

अधिवेशन में

एक घटना सुनाते हैं कि जब वह आगरा में दीनदयाल जी के साथ रहते थे तो एक दिन प्रात: हम दोनों मिलकर सब्जी खरीदने बाजार गये। दो पैसे की सब्जी खरीदी। लौटकर घर पहुँचने को ही थे कि दीनदयाल जी एकाएक रुक गये, वे बोले 'नाना बड़ी गड़बड़ हो गयी।' मेरे पूछने पर उन्होंने कहा—'मेरी जेब में चार पैसे थे। उनमें से एक पैसा खोटा था। वह पैसा ही उस सब्जीवाली को दे आया हूँ। मेरी जेब में बचे दोनों पैसे अच्छे हैं। वह क्या कह रही होगी, चलो उसे ठीक पैसे दे आएँ।'

उनके चेहरे पर अपराधी जैसा भाव उभर आया था। हम लोग वापस सब्जीवाली के पास पहुँचे। उसे वास्तविकता बतायी तो वह कहने लगी, 'कौन ढूँढ़ेगा तुम्हारा खोटा पैसा? जाओ ठीक है जो दिया।' किन्तु दीनदयाल जी नहीं माने। उन्होंने उस बुढ़िया के पैसों के ढेर में से अपना चिकना काला और खोटा पैसा ढूँढ़ निकाला। उसके बदले में अपनी जेब से दूसरा अच्छा पैसा उस बुढ़िया को दे दिया, तब कहीं उनके चेहरे पर सन्तोष का भाव उभरा। बुढ़िया की

अटल जी के साथ

भी आँखें डबडबा आयीं। वह कहने लगी—'बेटा! कितने अच्छे हो तुम। भगवान तुम्हारा भला करे।'

दीनदयाल जी के मामा बार-बार उनसे कहा करते थे कि बेटा किसी तरह कोई नौकरी प्राप्त कर अपना जीवन व्यवस्थित कर ले तो मुझे बड़ी खुशी होगी। मामा जी के बार-बार कहने पर वह बी.टी. उपाधि पाने के लिए प्रयाग गये। वहाँ प्रवेश लेकर बी.टी. की उपाधि तो प्राप्त कर ली। लेकिन उस उपाधि का नौकरी पाने के लिए कोई उपयोग नहीं किया। इस विषय में श्री वसन्त अण्णा जी वैद ने लिखा है—

'पंडित जी पीलीभीत का दौरा करके लखीमपुर आये थे। लखीमपुर विभाग का केन्द्र था। पंडित जी का सारा सामान लखीमपुर के संघ कार्यालय में ही पड़ा रहता था। किसी चीज की जरूरत पड़ने

धर्म सभा में

पर पंडित जी ने मुझे सन्दूक लाने के लिए कहा, मैंने आज्ञा का पालन किया। उन्हें जो पत्र चाहिए था वह लिया और बाकी के बंडल में बँधे कागजात जलाने की मुझे आज्ञा दी। आज्ञानुसार मैंने वह बंडल खोला। वे सब पंडित जी द्वारा दी गयी परीक्षाओं के प्रमाण-पत्र थे। मैंने पंडित जी से कहा—'पंडित जी ये तो आपकी परीक्षाओं के प्रमाणपत्र हैं।'

उन्होंने कहा—'मुझे मालूम है।'

मैंने कहा—'ये तो काम के हैं। आपको इनकी जरूरत पड़ी तो?' उन्होंने कहा—'जरूरत खत्म हो गयी है। इसलिए जलाने के लिए कह रहा हूँ। मातृभूमि की सेवा के लिए जब जीवन अर्पण करने का निश्चय हुआ है, तो नौकरी के लिए प्रमाण-पत्रों का प्रलोभन कैसा? जला दो उन्हें।'

मैंने कहा—'नहीं पंडित जी। ऐसा मत करो?'

पंडित जी ने दृढ़ता और जोर देकर कहा इनको जला दो।

दीनदयाल जी

प्रमाण-पत्र पंडित जी के थे, पर उनका मोह मुझे हो रहा था। प्रत्येक परीक्षा प्रथम श्रेणी में और विशेष योग्यता प्राप्त करके उत्तीर्ण की थी। उनकी आज्ञा को मैं टाल नहीं सका। हृदय में पीड़ा लिए एक-एक प्रमाण-पत्र को जलाने लगा और पंडित जी मुस्कराते हुए देखते रहे। उनकी आत्मा मोह और प्रलोभन पर विजय पा चुकी थी। वह मुस्कराहट उसी विजय की थी।

दीनदयाल जी का बाहरी व्यक्तित्व अधिक आकर्षित करनेवाला नहीं था। उनकी साधारण कद-काठी, गोल चेहरा, विशाल मस्तक, बड़ी-बड़ी आँखें, लम्बी नाक, और बड़े-बड़े कान, सिर पर साधारण बाल और भारी आवाज उन्हें ग्रामीण भागों में रहनेवाले किसानों से अलग नहीं करती थी। पहनावा भी बड़ा सादा था एक ढीला-ढाला कुर्ता, सफेद धोती जो पहनने में थोड़ी ऊँची, पर दोनों टाँगों में फँसी हुई, पैरों में रबड़ के सोलवाले साधारण से सफेद जूते और शरीर से

केन्या में ध्वजारोहण करते हुए

लिपटी शाल ही उनकी पहचान थी। उनको कपड़ों की कभी कोई परवाह नहीं थी। वह हमेशा से ही काम पर जोर देते थे। बचपन में जब राजगढ़ के हाईस्कूल में गये तो वहाँ हर बच्चे को पगड़ी पहनना अनिवार्य था। अत: दीनदयाल जी भी पगड़ी पहनते थे, लेकिन वह कभी सही पगड़ी नहीं पहनने पाये। उनके सहपाठी ही उनकी पगड़ी ठीक किया करते थे। कुछ उनका उपहास भी उड़ाते थे। लेकिन दीनदयाल जी को इसकी कोई परवाह नहीं थी। मन लगाकर पढ़ते रहे और सर्वप्रथम स्थान प्राप्त किया।

दीनदयाल जी जब इंग्लैंड, रूस और केन्या गये तो उन्हें उनके साथियों की तरफ से एक कोट बनवाकर दिया गया। लेकिन लौटते ही कोट भी एक सहयोगी को दे दिया। जब वे अमेरिका जा रहे थे, तब वह सूट और जरूरत का सामान पार्टी कार्यकर्ताओं से उधार लेकर गये। इस प्रकार पहनावे के मामले में वे बड़े सादगी पसन्द

केन्या में

थे। उनकी सादगी की तुलना ईश्वरचन्द विद्यासागर से की जा सकती है।

'सादा जीवन, उच्च विचार' को अपने जीवन-दर्शन में उतारनेवाले दीनदयाल जी ने सन् 1937 में राष्ट्रीय स्वयंसेवक संघ में प्रवेश किया। तब देश में स्वतन्त्रता आन्दोलन अपनी चरम सीमा पर स्वतन्त्रता के लिए अन्तिम लड़ाई लड़ रहा था। देश में अस्थिरता का माहौल था। 1937 के चुनावों में, उत्तरप्रदेश में काँग्रेस सत्ता में आयी, मुस्लिम लीग और काँग्रेस का समझौता भंग हो गया। मुस्लिम लीग दो-राष्ट्रवाद का नारा बुलन्द कर रही थी।

दीनदयाल जी अकसर कहा करते थे—'यह आवश्यक है कि हम हमारी राष्ट्रीयता पहचान के विषय में गम्भीरता से विचार करें। वे मानते थे कि राष्ट्रीय अभिमान के बिना 'स्वतन्त्रता' का कोई अर्थ नहीं है। उनका मानना था कि आज भारत जिन समस्याओं का सामना कर रहा है उसका मूल कारण इसके द्वारा की जानेवाली राष्ट्रीय पहचान की उपेक्षा करना ही है।'

जनता को सम्बोधित करते हुए

दीनदयाल जी की कथनी और करनी एक जैसी थी। वह हर काम को चाहे वह छोटा हो या बड़ा, जिस काम को करने का जिम्मा उन्होंने ले लिया उस काम को पूरी निष्ठा, लगन और सूझबूझ के साथ करते थे। काम को एक बार आरम्भ कर देने पर उसको पूर्ण करके ही सन्तोष पाते थे।

एक बार दीनदयाल जी लखनऊ में थे, तभी नये मॉडल की छपाई मशीन मँगवाई गयी। मशीन को फिट करनेवाला कोई नहीं मिल रहा था। मशीन कैसे फिट की जानी है, यह अँग्रेजी में लिखा था। उन्होंने उस पुस्तक को एक बार पढ़ा और रात भर में मशीन फिट कर दी। सुबह होते-होते छपाई का कार्य आरम्भ हो गया।

ऐसी ही एक अन्य घटना है जब दीनदयाल जी आगरा आये थे। दिन भर कार्यकर्ताओं से भेंट करने के बाद जब शाम को कार्यालय में बैठे तो वहाँ श्री सत्यनारायण गोयल जी आ पहुँचे, तो दीनदयाल जी बोले चलो छत पर चलते हैं यहाँ बहुत गर्मी हो रही है। दोनों छत

बैठक में सहयोगियों के साथ

पर पहुँचे तो देखा छत तो बहुत गन्दी है। ऐसे में दीनदयाल जी निस्संकोच स्वयं नीचे से झाड़ू लेकर आये और सफाई करने लगे। गोयल जी से कह दिया आप दरी और चादर लेकर आओ। उनके आने के पहले ही दीनदयाल जी ने छत पर सफाई कर दी। कूड़े को भर दिया। गोयल जी से बोले, इसे फेंककर आ जाओ तब तक में चादर बिछाता हूँ। ये सब देकर गोयल जी भी आश्चर्य में पड़ गये। सोचने लगे ये है महान व्यक्तित्व।

श्री वचेश त्रिपाठी का भी दीनदयाल जी के विषय में एक संस्मरण है। एक बार बहुत ठंड के कारण रात्रि में प्रेस में कम्पोजिटर नहीं आया। इस दशा में समाचार पत्र को समय पर प्रकाशित करना कठिन लग रहा था। इसकी सूचना जब दीनदयाल जी को मिली तो वे स्वयं आये और रात भर कम्पोजिंग का काम करते रहे ताकि समाचार पत्र समय पर पाठकों को उपलब्ध हो सके। उस समय वे राष्ट्रधर्म प्रकाशन के संचालक थे। प्रेस की बिजली भी अगर गुल

बैठक में सहयोगियों के साथ

हो जाती तो वह स्वयं रात-रात भर अपने हाथ से मशीन चलाकर अखबार निकालते थे।

स्वयंसेवक के सम्बन्ध में उनका कहना था—'हम पहले स्वयंसेवक हैं और बाद में कुछ। जब संघ द्वारा कोई आवाह्न किया जाता है तो हमारा यह कर्तव्य हो जाता है कि अन्य सभी बातों को एक ओर फेंककर संघ की पुकार पर चलें।'

दीनदयाल जी के अभिन्न मित्र श्री भाऊराव देवरस कहते हैं—'उन्होंने संघ कार्य का व्रत उन दिनों लिया जब संघ का मार्ग बहुत कठिन था और कष्टों से भरा था।' ऐसी परिस्थितियाँ थीं कि समाज में भेदभाव का बीज फल-फूल रहा था। ऐसे में सामाजिक एकता और समरसता की ग्रात करना कितना कठिन रहा होगा यह तो सोचनेवाली बात है। ऐसे वातावरण में संघ के कार्यों की नींव डाली, समाज को उससे परिचित कराया। यह उन्हीं के प्रयासों के बीजों का फल है जो आज संघ समाज में अपनी पहचान बना पाया है। उनके सतत परिश्रम से संघ उत्तरप्रदेश में तीव्र गति से फैलता गया। जिसको देखते हुए संघ के वरिष्ठ पदाधिकारियों ने उन्हें उत्तरप्रदेश का सह-

दीनदयाल जी

प्रान्त-प्रचारक का दायित्व सौंप दिया। अब तो उनका परिश्रम सीमा से बाहर हो गया। वह रात-दिन इसी चिन्तन में लगे रहते कि संघ का ढाँचा कैसे खड़ा हो सकता है? जो विचार उनके मन में आते और समाज से सम्पर्क के बीच जो विचार मिलते वे उनको पूरी सूझबूझ के साथ अमल में लाते थे। सन् 1955 में उन्हें उत्तरप्रदेश के प्रान्त प्रचारक का दायित्व दिया गया। वह संघ के कार्यों में प्रत्यक्ष रूप में सन् 1937 से 1951 तक सक्रिय रहे।

दीनदयाल जी एक कुशल समाजसेवी और राजनेता तो थे ही, साथ ही एक लेखक, पत्रकार और चिन्तक के गुण उनकी प्रतिभा में दिखाई देते थे। सन् 1946 की बात है कि प्रान्त प्रचारक श्री भाऊराव ने उनसे कहा कि उपाध्याय जी संघ में किशोर विद्यार्थी बड़ी संख्या में आया करते हैं। उनकी समझ के लिए हमारे विचारों का कोई बाल-सुलभ साहित्य नहीं है। वास्तव में हमें इसकी बहुत आवश्यकता है। दीनदयाल जी ने चुपचाप यह बात सुनी और बिना कोई उत्तर दिए

साथियों के साथ पेपर पर विचार-विमर्श करते हुए

अन्य विषयों पर बात करने लगे। इसके बाद रातभर वे लिखते रहे तथा प्रात:काल पांडुलिपि श्री भाऊराव को सौंपते हुए कहा कि 'देखिए, यह पुस्तक बाल स्वयंसेवकों के लिए कैसी रहेगी।' सभी देखकर चमत्कृत हुए, रातभर में दीनदयाल जी ने एक बाल-उपन्यास लिख डाला। उनकी यह प्रथम पुस्तक 'सम्राट चन्द्रगुप्त' के नाम से प्रकाशित हुई।

दीनदयाल जी ने प्रथम उपन्यास 'सम्राट चन्द्रगुप्त' में ऐतिहासिक पात्रों—चन्द्रगुप्त व चाणक्य के माध्यम से पराक्रम और रणनीति कुशलतापूर्ण स्वतन्त्रता के संघर्ष की ओर बालकों के मन को आकर्षित करने का प्रयत्न किया। इस पुस्तक की भाषा सरल और सुबोध है, कथाप्रवाह तो इतना प्रखर है कि बालक एक बार पढ़ना शुरू कर दे तो उसे पुस्तक छोड़ने का मन न हो। इस पुस्तक में वह अपने मनोगत विचार रखते हुए कहते हैं—'जिनके लिए यह पुस्तक लिखी गयी है उन्हें सब प्रकार के ऐतिहासिक तथ्यों के वन में भ्रमण कराने की

स्वयं सेवकों के साथ

आवश्यकता नहीं है। उन्हें इतना जानना पर्याप्त है कि यूरोपियन विद्वानों द्वारा प्रयत्नपूर्वक तथा उनका अन्धानुकरण करनेवाले भारतीय विद्वानों द्वारा अनजाने में फैलाए हुए अन्धकार को नष्ट करनेवाले ऐतिहासिक शोध के सूर्य प्रकाश में देखी गयी, ये सत्य घटनाएँ हैं।'

उनकी यह रचना अपने उद्‌देश्य में काफी हद का सफल रही। इससे यह माँग उठी कि बालकों के लिए ऐसी ही कोई और पुस्तक लिखी जानी चाहिए। इसकी पूर्ति के लिए दीनदयाल जी ने 'जगद्‌गुरु शंकराचार्य' नाम से अपना दूसरा उपन्यास लिखा।

इस उपन्यास में पात्र और घटनाएँ तो पुरानी हैं। पर भाव, विचार और परिवेश नया है। दीनदयाल जी संघ की जिस शाखा पद्धति से संघ के कार्य करते थे उसमें समय देने के लिए बालकों को प्रेरित करना, उनमें देश के सांस्कृतिक गौरव का अभिमान उत्पन्न करना तथा अपना जीवन समर्पित करने की इच्छा पैदा करना इस पुस्तक का उद्‌देश्य था।

प्रिंटिंग प्रेस चलाते हुए

दीनदयाल जी ने दो साहित्यिक रचनाएँ लिखीं—'सम्राट चन्द्रगुप्त' (1946) और 'जगद्‌गुरु शंकराचार्य' (1947)। इन दोनों रचनाओं ने ही दीनदयाल जी को एक प्रसिद्ध साहित्यकार बना दिया। इन रचनाओं के अलावा दीनदयाल जी का साहित्य विचार प्रधान है वह सामाजिक, सांस्कृतिक, राजनीतिक, आर्थिक एवं दार्शनिक साहित्य के रूप में प्रकाशित हुआ है। सामान्यत: उनके निबन्धों व भाषणों की सम्पादित पुस्तकें प्रकाशित हुई हैं।

संघ में विभिन्न दायित्वों पर रहते हुए ही उन्होंने अनेक पत्र-पत्रिकाओं का संचालन किया। उनकी प्रेरणा और प्रयत्नों से 1945 में मासिक पत्रिका 'राष्ट्रधर्म' व साप्ताहिक 'पांचजन्य' का प्रकाशन प्रारम्भ हुआ। बाद में 'स्वदेश' दैनिक भी चला। इन पत्र-पत्रिकाओं के सम्पादक उपाध्याय जी कभी नहीं रहे। लेकिन आवश्यकता होने पर इनके सफल प्रकाशन के लिए वे 'कम्पोजिटर' और 'मशीनमैन' तक बन जाते थे।

रैली में

इन पत्रों की सम्पादन नीति और विषयवस्तु के सूत्रधार दीनदयाल जी ही थे। वह इन पत्रों के माध्यम से अपने सांस्कृतिक, सामाजिक और राजनीतिक विचारों का प्रचार-प्रसार करते थे। उनके विचारों का प्रवाह इन पत्रों के माध्यम से समझा जा सकता है।

दीनदयाल जी की भारतीय लोकतन्त्र में गहरी आस्था थी। उनका मानना था कि लोकतन्त्र भारत को पश्चिम की देन नहीं है। भारत की राज्यावधारणा स्वाभाविक रूप से लोकतन्त्रवादी रही है। वे लिखते हैं—'वैदिक-सभा और समिति का गठन जनतन्त्रीय आधार पर ही होता था तथा मध्यकालीन अनेक गणराज्य पूर्णतः जनतन्त्रीय थे। राजतन्त्रीय व्यवस्था में भी हमने राजा को मर्यादाओं में जकड़कर प्रजानुरागी ही नहीं, प्रजा अनुगामी भी माना है। इन मर्यादाओं का अतिक्रमण करनेवाले राजाओं के उदाहरण अवश्य मिल सकते हैं। किन्तु उनके विरुद्ध जनता का विद्रोह तथा उनको आदर्श शासक न मानकर, हीनता की श्रेणी में गिनने के प्रयत्नों से ही हमारी मौलिक

नेताओं के साथ

जनतन्त्रीय भावना की पुष्टि होती है।'

दीनदयाल जी ने लोकतन्त्र की तात्विक अवधारणा से सहमत होते हुए भी, पश्चिम के निरंकुश राजशाही की प्रतिक्रिया से उत्पन्न पूँजीवाद और सर्वसत्तावादी राज्यवाद की प्रतिक्रिया उत्पन्न करनेवाले लोकतन्त्र का, भारतीयकरण करना चाहते हैं।

दीनदयाल जी की दृष्टि विश्व घटनाक्रम पर भी सकारात्मक थी जितनी राष्ट्र के प्रति। वे विश्व में हो रही तबाही और युद्ध के वातावरण से दुखी थे। उनका मानना था कि संसार का यह दृश्य डार्विन के दर्शन का प्रतिफल है, जो व्यक्ति के शक्तिशाली बनने की बात करता है। यानी मनुष्य अपने को शक्तिशाली बनाकर कमजोरों पर राज कर सकता है। यह एक तरह का जंगली कानून है

दीनदयाल जी

कि जो शक्तिशाली होगा वह जंगल में राज करेगा और कमजोरों का विनाश करेगा। इस सिद्धान्त ने उन्नीसवीं और बीसवीं शताब्दी में विश्व की तस्वीर ही बदलकर रख दी। विश्व के सभी देशों में हथियारों की होड़ लग गयी। हर देश अपने को शक्तिशाली बनाने की अन्धी दौड़ में लग गया। कमजोर देशों को उपनिवेश बनाया जाने लगा। जिसके परिणामस्वरूप दो विश्वयुद्धों का सामना मानव जाति को करना पड़ा। जिसके कारण डार्विन का दर्शन मानव के सम्पूर्ण विकास के लिए बाधक रहा।

जबकि भारतीय दर्शन परम्परा प्राचीन काल से ही संघर्ष और द्वन्द्व की अपेक्षा समरता को महत्त्व देती है। जिससे मानव का सम्पूर्ण विकास हो सके। यह व्यवस्था हमारे ऋषि-मुनियों ने हजारों वर्ष पहले ही विकसित कर रखी थी। आवश्यकता उसे पुनः लोगों के सामने लाने की है। दीनदयाल जी ने वही कार्य किया जिसे वे एकात्म मानववाद के माध्यम से व्यक्त करते हैं। वह कहते हैं कि पश्चिम

साथियों के साथ

का दर्शन मूलत: व्यक्तिवादी होने के कारण 'मैं' के चारों ओर घूमता है जबकि हमारी संस्कृति पूरी सृष्टि को ही एक-दूसरे का पूरक मानती है। पश्चिम का विचार है 'समाज, प्रकृति और समस्त सृष्टि मेरे लिए हैं।' यहाँ पर केवल 'मैं' की ही प्रधानता है। वे कहते हैं प्रकृति पर विजय प्राप्त करो और हर वस्तु का उपयोग अपने लिए करो। सब मेरे लिए है यह भावना अहंकार को जन्म देती है। इसी अहंकार से पूँजीवाद और समाजवाद पैदा हुआ है। भारतीय चिन्तन के अनुसार हर वस्तु का पृथक् अस्तित्व होते हुए भी वह अपने अस्तित्व एवं विकास के लिए दूसरे पर निर्भर है। हम मानते हैं कि समाज का आधार संघर्ष न होकर सहयोग है, प्रकृति भी सहयोग के आधार पर कार्य करती है। इस आधार पर हमने नर से नारायण की कल्पना की है।

यदि संक्षेप में कहा जाए तो 'एकात्म मानववाद' मानव जीवन में सामंजस्य करके जीवन की समग्र सम्पन्नता एवं भव्यता को मार्ग

सभा में बोलते हुए

दिखानेवाला दर्शन है। इसकी प्रस्तुति दीनदयाल जी ने सन् 1964 में ग्वालियर में आयोजित जनसंघ के अखिल भारतीय अधिवेशन में की थी।

एकात्म मानववाद के सन्दर्भ में हमारे पूर्व प्रधानमन्त्री श्री अटल बिहारी वाजपेयी ने कहा है कि 'एकात्म मानववाद एक ऐसा मॉडल है जो विश्व में अनेकानेक आर्थिक मॉडलों में इस अर्थ में सबसे अच्छा है कि इसमें सम्पूर्ण मानवता को समाहित कर लिया गया है। इसमें पूरी मानवजाति को एक रूप में देखते हुए मानव के चहुँमुखी विकास को लक्ष्यबद्ध किया गया है। दीनदयाल जी साम्यवाद और पूँजीवाद के विरोधी थे और वह मानते थे कि जब तक हम वादों के विवादों को छोड़कर मानवता को नहीं अपनाएँगे तब तक जनकल्याण की भावना फलीभूत नहीं होगी।'

दीनदयाल जी ने एकात्मवाद से जहाँ पूरे विश्व को एक सूत्र

पूर्व प्रधानमन्त्री अटल बिहारी जी के साथ

में बाँधने की कोशिश की है, वहीं गाँधी जी के सर्वोदय को उन्होंने अन्त्योदय का नाम देकर उसका प्रतिपादन किया है। यह वह समय था जब पूरे भारतवर्ष में मजदूरों की आर्थिक स्थिति बड़ी दयनीय थी। वह जितना परिश्रम करते थे उतना मूल्य उन्हें प्राप्त नहीं होता था। देश का अन्नदाता किसान स्वयं भिखारी बन गया था। भारत का बुद्धिजीवी वर्ग मन और मस्तिष्क से विदेशी विचारों में फँसकर भ्रमित हो रहा था। अर्थव्यवस्था लड़खड़ा रही थी। बेरोजगारी और महँगाई एक त्रासदी बनकर देशवासियों के सामने खड़ी हुई थी। ऐसी स्थिति में दीनदयाल जी ने देशवासियों के लिए एक नया रास्ता दिखाया। अन्त्योदय के रूप में जिसमें समाज के अन्तिम व्यक्ति तक आर्थिक विकास पहुँच सके।

अन्त्योदय से दीनदयाल जी का अभिप्राय था कि आर्थिक सम्पन्नता के लिए किये जानेवाले प्रयास समाज के आर्थिक दृष्टि से सबसे निचले और पिछड़े लोगों से शुरू किये जाने चाहिए। एक

मंच पर विचार–विमर्श

अर्थशास्त्री के रूप में वे मानते थे कि देश के हर व्यक्ति को उसकी योग्यता, रुचि, क्षमता या दक्षता के अनुसार काम मिले। ऐसा काम जिससे कम से कम उसकी प्राथमिक आवश्यकताएँ रोटी, कपड़ा और मकान सहज रूप में पूरी हो सकें। उसे ऐसा काम मिले जिससे देश की औसत आय में वृद्धि हो। भारत की जनशक्ति को उसकी पूँजी का एक महत्त्वपूर्ण हिस्सा माना जाए और उसका देश के पुनर्निर्माण में पूर्णतया उपयोग किया जाए।

दीनदयाल जी मानते थे कि यदि हमें समाज की सबसे निचली सीढ़ी पर खड़े व्यक्ति तक खुशियाँ पहुँचानी हैं तो उसका रास्ता मशीनों की सहायता से नहीं बन सकता है। यानी भारत के लिए बड़े उद्योग-धन्धे कारगर नहीं होंगे। उसके लिए कुटीर उद्योगों को बढ़ावा देना होगा। यदि कुटीर उद्योग को देश की अर्थव्यवस्था का आधार बनाया जाए तो देश की आर्थिक प्रगति तेजी से हो सकती है। हमें विज्ञान

मंच पर विचार-विमर्श

की सहायता से ऐसी मशीनरी तैयार करनी होगी जो हमारे कुटीर उद्योगों के लिए लाभकारी हो।

किसी भी देश का भौतिक विकास उसकी अर्थनीति का लक्ष्य होता है। दीनदयाल जी इसके लिए पश्चिमी देशों द्वारा अपनाई जानेवाली औद्योगिक नीति को भारत के लिए ठीक नहीं मानते थे। क्योंकि वह इसे मानवीय एकात्मकता के लिए अहितकर मानते थे। इसीलिए उन्होंने अर्थनीति के भारतीयकरण का सुझाव दिया।

भारतीय जनसंघ में प्रवेश

भारत की स्वतन्त्रता और भारत-विभाजन के उपरान्त उत्पन्न स्थितिं से देश में उथल-पुथल का वातावरण था। नवनियुक्त सरकार जनता की आकांक्षाओं के अनुरूप काम नहीं कर रही थी। उस समय देश के प्रधानमन्त्री जवाहरलाल नेहरू कुछ ऐसे समझौते कर रहे थे जिससे देश को भविष्य में नुकसान होनेवाला था। उनका नेहरू जी के

दीनदयाल जी

मन्त्रिमंडल में रहे उद्योगमन्त्री श्री श्यामा प्रसाद मुखर्जी ने विरोध किया। लेकिन विरोध का कोई असर न होने पर उन्होंने मन्त्री पद छोड़ दिया, साथ ही पार्टी की प्राथमिक सदस्यता से त्यागपत्र दे दिया। श्री मुखर्जी देश की जनता को इन समझौतों से होनेवाले नुकसान के प्रति जागरूक करना चाहते थे। ऐसे में उन्होंने संघ की विचारधारा को समझा और जाना कि जो मैं करना चाहता हूँ, वही संघ भी चाहता है। इसलिए श्री मुखर्जी ने संघ के सरसंचालक गुरु जी से सम्पर्क किया। गुरुजी से मुखर्जी की लम्बी वार्ता चली इसके बाद संघ भारतीय राजनीति को सुदृढ़ करने के उद्देश्य से राजनीति में जनसंघ के माध्यम से आया। श्री मुखर्जी ने गुरु जी से ऐसे लोगों को भारतीय राजनीति में लाने को कहा जो निजी स्वार्थ से ऊपर उठकर देश के लिए जीते

उत्तरप्रदेश के मुख्यमन्त्री चौधरी चरण सिंह के साथ

और मरते हों, साथ ही कुशल कार्यकर्ता भी हों।

इसलिए गुरु जी ने जिन लोगों को यह दायित्व सौंपा उनमें दीनदयाल जी भी थे। उन्हें गुरु जी की योजना अनुसार प्रस्तावित राजनैतिक दल का संगठन तैयार करने के लिए जिम्मेदारी सौंपी गयी। वास्तव में दीनदयाल जी राजनीति में आना नहीं चाहते थे। लेकिन गुरुजी के आदेश से आ गये। इसी समय 21 मई, 1951 को सर्व श्री भाई महावीर, वसन्तराव ओक और बलराज मधोक ने जनसंघ की पंजाब और दिल्ली शाखा का गठन किया। 21 सितम्बर, 1951 को लखनऊ सम्मेलन में प्रादेशिक स्तर पर 'जनसंघ' की स्थापना की गयी। दीनदयाल जी को उत्तरप्रदेश का महामन्त्री मनोनीत किया गया। इसी अधिवेशन में दीनदयाल जी ने जनसंघ को अखिल भारतीय

दीनदयाल जी

आकार देने का प्रस्ताव रखा जिसे सर्वसम्मति से स्वीकार कर लिया गया। इसके बाद उन्होंने अथक परिश्रम कर जनसंघ को गाँव-गाँव तक पहुँचाने की कोशिश की। इस कार्य में उन्हें श्री नानाजी देशमुख का सहयोग मिला।

दीनदयाल जी की कार्य कुशलता और दूरदृष्टि के कारण 21 अक्टूबर, 1951 को दिल्ली में अखिल भारतीय जनसंघ का अधिवेशन बुलाया गया। जिसमें डॉ. श्यामा प्रसाद मुखर्जी जनसंघ के संस्थापक अध्यक्ष बने। भाई महावीर को पार्टी का प्रथम महामन्त्री बनाया गया। जिनका कार्यकाल एक वर्ष का था।

दीनदयाल के जनसंघ में आने से उनका जीवन अब दो भागों में विभाजित हो गया। एक संघ के कार्यों का देखना साथ ही जनसंघ का संगठन खड़ा करना। उनकी दूरदृष्टि और कर्मठता को देखते हुए उन्हें 1952 में जनसंघ का महामन्त्री बना दिया गया। जिससे उनकी गतिविधियों का केन्द्र उत्तरप्रदेश न होकर पूरा देश हो गया। वह

जनसंघ की रैली में

1952–1967 तक जनसंघ के नीति–निर्धारक और पथ प्रदर्शक रहे। यह वह समय था जब नेहरू जी की काँग्रेस पार्टी फल–फूल रही थी। ऐसे में दूसरी पार्टी खड़ी करना सहज कार्य नहीं था।

इस समय जनसंघ के सामने सबसे बड़ी चुनौती 1952 में होनेवाले आम चुनावों में अपनी जोरदार तरीके से उपस्थिति दर्ज कराकर राष्ट्रीय दल के रूप में मान्यता प्राप्त करने की थी। इसलिए कि उत्तरप्रदेश चुनावी दृष्टि से सबसे बड़ा प्रदेश है। इसकी जिम्मेदारी दीनदयाल जी को सौंपी गयी थी। दीनदयाल जी ने बहुत परिश्रम किया। लेकिन उत्तरप्रदेश में जनसंघ कोई सीट न जीत सका। जनसंघ ने उस चुनाव में मात्र तीन सीट जीतीं। इसमें डॉ. श्यामाप्रसाद मुखर्जी (कलकत्ता), श्री बन्दोपाध्याय (बंगाल) और श्री उमाशंकर त्रिवेदी (चित्तौड़) से थे। इन चुनावों में पार्टी को तीन प्रतिशत वोट मिले जिससे जनसंघ एक राष्ट्रीय दल बन गया।

इन चुनावों के बाद डॉ. मुखर्जी की अध्यक्षता में 1952 में कानपुर में जनसंघ का अधिवेशन हुआ। उसमें कश्मीर की समस्या को सबसे

जनसंघ की सभा में

महत्त्वपूर्ण मानते हुए उस पर गम्भीरता से विचार-विमर्श किया गया। उसमें यह निर्णय हुआ कि सरकार पर दबाव बनाने के लिए देशभर में सत्याग्रह किया जाए। इसका कार्यभार दीनदयाल जी को दिया गया। दीनदयाल जी पर डॉ. मुखर्जी बहुत विश्वास करते थे, इसलिए उन्होंने कहा था कि 'यदि मुझे इनके जैसे दो दीनदयाल मिल जाएँ तो मैं देश के सारे राजकीय मानचित्र को ही परिवर्तित कर दूँगा।'

डॉ. मुखर्जी देशव्यापी सत्याग्रह की शुरुआत कर अन्य सत्याग्रहियों के साथ जम्मू-कश्मीर में बिना परमिट के प्रवेश करने के लिए रवाना हुए। 11 मई,1953 को जम्मू-कश्मीर में प्रवेश करते हुए लखनपुर की सीमा पर उन्हें गिरफ्तार कर लिया गया। उन्हें श्रीनगर की जेल में रखा गया। 23 जून, 1953 में इसी हिरासत के दौरान डॉ. मुखर्जी की मृत्यु हो गयी।

जनसंघ के कार्यों को देश भर में फैलाने के लिए दीनदयाल जी ने पूरे देश का भ्रमण किया। 1963 में उन्होंने जौनपुर के संसदीय निर्वाचन क्षेत्र से लोकसभा का उपचुनाव लड़ा। जौनपुर सीट ब्राह्मण

यू पी के मुख्यमन्त्री चौधरी चरण सिंहके साथ विचार–विमर्श करते

बहुल थी। उनके सहयोगियों ने उन्हें जातिगत राजनीति करने को कहा लेकिन उन्होंने इनकार कर दिया। क्योंकि उनकी श्रद्धा राष्ट्र में थी उसे जातिगत नहीं कर सकते थे। इसलिए वह चुनाव तो हार गये, लेकिन उन्होंने अपने सिद्धान्तों के साथ कभी समझौता नहीं किया।

दीनदयाल जी के जीवन में अनुशासन, एकता और पार्टी के साथ–साथ समाज के हित में अपनी इच्छाओं को महत्त्व न देने की प्रवृत्ति दिखाई देती थी। यही गुण जनसंघ में दीनदयाल की देन थे। उन्होंने कभी अपने निजी हितों को महत्त्व नहीं दिया, यही अपेक्षा अपने कार्यकर्ताओं से करते थे। यदि कोई अनुशासन का उल्लंघन करता तो वे उसके खिलाफ कार्यवाही करने में जरा भी देर नहीं करते थे।

विपक्ष में होने के कारण दीनदयाल के नेतृत्व में जनसंघ ने एक सकारात्मक विपक्ष की भूमिका अदा की। देश हित में सरकार के निर्णय के विरुद्ध जन आन्दोलन अहिंसात्मक तरीके से किए।

जनसंघ के कार्यकर्ताओं के साथ

दीनदयाल जी के नेतृत्व में जनसंघ ने बेरूबारी की रक्षा के लिए देशव्यापी आन्दोलन चलाया। गोवा की मुक्ति के लिए देशव्यापी संघर्ष के लिए लोगों को संगठित किया गया। कच्छ के रन की सौदेबाजी के विरोध में 16 अगस्त, 1965 को दिल्ली में राजपथ पर पंक्तिबद्ध पाँच लाख लोगों ने प्रदर्शन किया। इसमें यह नारा दिया गया कि 'कच्छ करार को ठुकरा दो, अन्यथा गद्दी छोड़ दो।' इस आन्दोलन को सफल बनाने के लिए हजारों कार्यकर्ताओं को अपने हाथ से पत्र लिखकर आग्रह किया। इस तरह कई जन आन्दोलनों का नेतृत्व दीनदयाल जी ने किया।

जनसंघ के माध्यम से दीनदयाल जी के नेतृत्व की प्रशंसा देश और विदेशों में होने लगी थी। उन्होंने जनसंघ को सुदृढ़ बनाने के लिए कई देशों की यात्रा की। सन् 1963 में दीनदयाल जी अमेरिका की 'भारतीय-मैत्री समिति' के निमन्त्रण पर छह सप्ताह के लिए अमेरिका गये। अमेरिका पहुँचते ही उनके कार्यक्रमों का ऐसा

अटल जी और साथियों से विदेश यात्रा पर जाने के लिए शुभकामनाएँ लेते

सिलसिला रहा कि उनको कहीं विश्राम नहीं मिला। उन्होंने अमेरिका में कई स्थानों की यात्रा की और लोगों से मिले। अपने इस प्रवास के दौरान उन्होंने इंग्लैंड, पश्चिमी जर्मनी तथा पूर्वी अफ्रीका की यात्रा भी की। उनके व्यवहार ने, भारतीयता की पहचान करवानेवाली वेश-भूषा ने और अनेक विषयों पर सुलझे हुए उनके विचारों ने, वहाँ के लोगों को प्रभावित किया और भारतवंशियों को उत्साह एवं गौरव से भर दिया।

दीनदयाल जी की विद्वता से प्रभावित होकर उन्हें टेक्सास की नागरिकता प्रदान कर सम्मानित किया गया। वह अमेरिका के लोगों से अधिक से अधिक मिले तथा भारतीय संस्कृति और सभ्यता के विषय में बताया। जो अमेरिकी नागरिक भारत को अहमियत नहीं देते थे, उनको भारत सभ्यता से परिचित करवाया।

अमेरिकी यात्रा से वापस लौटते हुए दीनदयाल जी लन्दन उतरे यहाँ उन्होंने भारतीय मित्रों से भेंट की और उनका उत्साह बढ़ाने के

लन्दन में छात्रों के साथ

लिए 'लन्दन जनसंघ फोरम' की स्थापना की। दीनदयाल जी आधुनिक सोच रखनेवाले नेता के रूप जाने जाते थे। वे जनसंघ को भारतीय संस्कृति से ओतप्रोत एवं भविष्य की ओर देखनेवाली पार्टी बनाना चाहते थे। इस प्रकार विभिन्न देशों की यात्रा कर उन्होंने भारतीय संस्कृति से लोगों को परिचित कराया।

दीनदयाल जी के परिश्रम और कुशल नेतृत्व को जनता ने सराहा। सन् 1967 के चुनावों में जनसंघ को अच्छी सफलता मिली। दिल्ली महानगर परिषद् व दिल्ली नगर निगम में उसे स्पष्ट बहुमत प्राप्त हुआ। यह पहली बार हुआ जब जनसंघ को किसी राज्य में स्पष्ट बहुमत मिला था। साथ ही पंजाब, हरियाणा, उत्तरप्रदेश, बिहार और मध्यप्रदेश में विभिन्न दलों से गठबन्धन कर सरकारें बनीं। इन गठबन्धनवाली सरकारों में जनसंघ एक घटक के रूप में था। उत्तरप्रदेश में तो श्री रामप्रकाश गुप्ता उप-मुख्यमन्त्री थे।

विदेशी दौरे से वापिस आने पर दीनदयाल का स्वागत करते हुए

एक व्यापक गठबन्धन का दौर शुरू हुआ। इस दौर में दीनदयाल जी का मत था कि चुनाव से पूर्व और चुनाव के बाद दलों में होनेवाले समझौतों को अलग-अलग करके विचार किया जाना चाहिए। राजनीति में दलीय छुआछूत को वे गलत मानते थे। वे मानते थे कि नीतिगत मतभेद रहते हुए भी दलों को आवश्यकता-नुसार साथ में काम करने के लिए तैयार रहना चाहिए। वे इसे प्रजातन्त्र का आधार और राष्ट्रीय एकता की निशानी मानते थे।

इस प्रकार दीनदयाल जी एक आदर्श राजनेता के रूप में भारतीय राजनीति में जनप्रिय बने रहे। उनकी लोकप्रियता को देखते हुए दिसम्बर,1967 में जनसंघ का अखिल भारतीय अधिवेशन कालीकट में हुआ। इस अधिवेशन में 19 दिसम्बर, 1967 के दिन दीनदयाल जी को जनसंघ राष्ट्रीय अध्यक्ष चुना गया। इस अधिवेशन

जनसंघ के अध्यक्ष बनने पर स्वागत

में उनका अध्यक्षीय भाषण ऐतिहासिक रहा। भाषण के समापन में उन्होंने क़हा था—'हमने किसी सम्प्रदाय अथवा वर्ग की सेवा का नहीं, बल्कि सम्पूर्ण राष्ट्र की सेवा का व्रत लिया है। सभी देशवासी हमारे बन्धु-बान्धव हैं। हम धरती माता को सही अर्थों में सुजला, सुफला बनाकर रहेंगे। यह दशप्रहरिणी दुर्गा बनकर असुरों का संहार करेगी, लक्ष्मी बनकर जन-जन को समृद्ध करेगी और सरस्वती बनकर ज्ञान का प्रकाश फैलाएगी।'

दीनदयाल जी ने अपने विचारों में सदैव अखंड भारत को केन्द्र में रखा था। उनके नेतृत्व में जनसंघ के रूप में काँग्रेस का एक विकल्प

मुगलसराय में दीनदयाल जी का शव

तैयार हो रहा था। ऐसे कुशल नेतृत्व में जनसंघ ज्यादा दिनों नहीं चल सका। ईश्वर को कुछ और ही मंजूर था। जनसंघ के अध्यक्ष हुए उन्हें 43 दिन ही बीते थे कि 11 फरवरी, 1968 को दीनदयाल जी संगठन सम्बन्धी कार्य से लखनऊ से पटना जा रहे थे, तभी रहस्यमय परिस्थितियों में उनका शव मुगलसराय रेलवे स्टेशन के यार्ड में मिला। दीनदयाल जी की मृत्यु का समाचार देश में आग की तरह फैल गया। देश का जनमानस शोकसागर में डूब गया। उस समय किसी को समझ नहीं आ रहा था कि यह अचानक क्या हो गया। सरकार ने जनता के रुख को देखते हुए न्यायमूर्ति चन्द्रचूड़ की अध्यक्षता में एक जाँच आयोग का गठन कर दिया। जाँच आयोग भी उनकी मृत्यु के दोषी लोगों को तलाश नहीं कर सका। आयोग ने रिपोर्ट में कहा कि यह राजनैतिक हत्या नहीं बल्कि एक साधारण चोरी की नीयत से की गयी हत्या है।

जनसंघ के नेताओं ने दीनदयाल जी की हत्या को एक राजनैतिक

दीनदयाल जी की अन्तिम यात्रा

साजिश करार दिया। उनका मानना था कि उनकी हत्या जौनपुर से वाराणसी के बीच ही हो गयी थी। उनको पहले बेहोश किया गया फिर उनकी हत्या की गयी। लेकिन इसे जाँच आयोग ने नकार दिया।

दीनदयाल जी के अन्तिम संस्कार के लिए 12 फरवरी, 1968 को उनका पार्थिव शरीर मुगलसराय से दिल्ली लाया गया। अन्तिम श्रद्धांजलि के लिए उनका शव 30, राजेन्द्र प्रसाद मार्ग पर रखा गया। उनके दर्शन के लिए राष्ट्रपति, प्रधानमन्त्री और देशभर से कई गणमान्य लोग उपस्थित हुए। देश के अधिकांश व्यावसायिक प्रतिष्ठान बन्द रहे। लोगों में शोक व्याप्त हो गया। दीनदयाल जी का अन्तिम संस्कार उनके ममेरे भाई श्री प्रभुदयाल शुक्ल ने किया।

दीनदयाल जी की मृत्यु पर शोक व्यक्त करते हुए श्री अटल बिहारी बाजपेयी जी बोले—"पंडित जी को हमसे छीनकर हमारी प्रगति को रोकने में सफल होने का विचार करनेवाले लोग, दीनदयाल जी को वास्तव में जानते नहीं। उनके अनुयायी हम लोगों को पहचाते

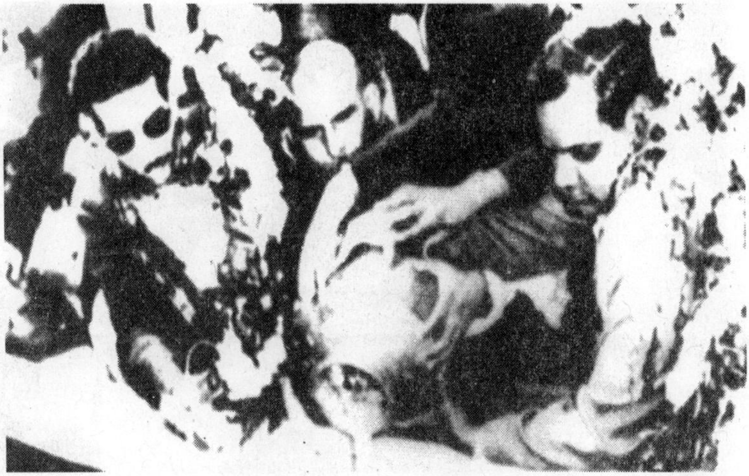

दीनदयाल जी का अस्थि विसर्जन

नहीं। उनका कार्य व्यक्तिनिष्ठ नहीं था, तत्त्वनिष्ठ था। आदर्श तथा सिद्धान्तों के लिए जीने की सीख उन्होंने हमें दी है। आइए, दीनदयाल जी की देह से बहे रक्त के कण-कण को माथे पर लगाकर हम ध्येयपथ पर आगे बढ़ें। भगीरथ प्रयास करें। इस नवदधीचि की प्रत्येक हड्डी से बज्र तैयार कर आधुनिक वृतासुर पर प्रहार करें। हमारी इस परम पावन मातृभूमि को सदा के लिए निष्कंटक बनाएँ।''

दीनदयाल जी एक महान पुरुष थे। उनका व्यक्तित्व आनेवाली पीढ़ियों के लिए प्रेरणादायी है। उन्होंने जीवन भर जनसाधारण से सामाजिक, आर्थिक, धार्मिक और राजनैतिक क्षेत्रों में सम्पर्क बनाये रखा। उनकी सादगी, निष्ठा और कर्मठता ने जनता के बीच ऐसी छवि छोड़ी जिसको सदैव याद किया जाता रहेगा।

युवा पीढ़ी के प्रेरणा स्रोत और हम सभी की यादों में सदैव रहनेवाले पं. दीनदयाल उपाध्याय जी का जीवन बचपन से ही संघर्षों से भरा रहा। फिर भी वह सदैव ऊर्जावान रहे। कभी उनके जीवन में

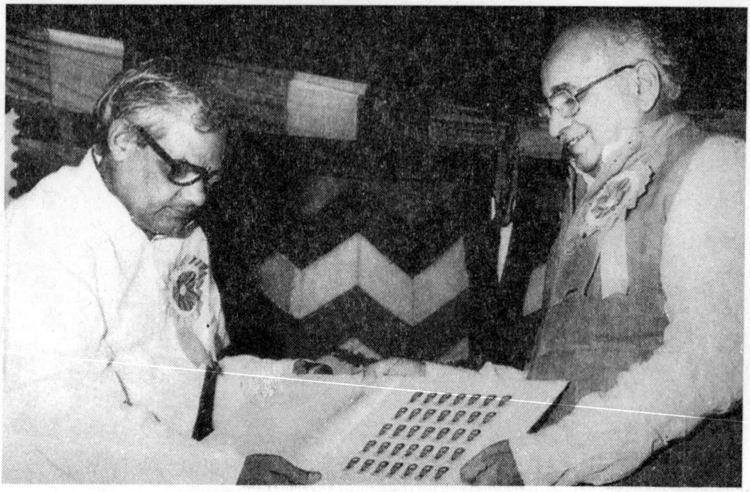

पूर्व प्रधानमन्त्री अटल जी द्वारा दीनदयाल जी के ऊपर डाक टिकट

निराशा नहीं आयी। वह दूसरों के दुख को दूर करने की कोशिश उम्र भर करते रहे। उन्होंने अपना जीवन समाज सेवा और राष्ट्रहित के लिए अर्पित कर दिया। हम ऐसे महान पुरुष के जीवन चरित्र से प्रेरणा लें और अपने जीवन को एक नयी पहचान देने की कोशिश करें। यही उनके प्रति सच्ची श्रद्धांजलि होगी।

दीनदयाल जी की चुनिन्दा उक्तियाँ

— एक देश, लोगों का समूह है जो एक लक्ष्य, एक आदर्श, एक मिशन के साथ जीते हैं और धरती के एक टुकड़े को मातृभूमि के रूप में देखते हैं। यदि आदर्श या मातृभूमि दोनों में से एक भी नहीं तो देश का कोई अस्तित्व नहीं है।

— नैतिकता के सिद्धान्त किसी के द्वारा बनाये नहीं जाते, बल्कि खोजे जाते हैं।

— धर्म के मूल सिद्धान्त शाश्वत और सार्वभौमिक हैं, हालाँकि, उनका क्रियान्वयन समय, स्थान और परिस्थितियों के अनुसार अलग-अलग हो सकता है।

— किसी देश की अर्थव्यवस्था ऐसी होनी चाहिए, जो मानव के गुणों को समाप्त न करे तथा उस पर कोई विपरीत प्रभाव न डालते हुए उसका विकास करे।

— अनेकता में एकता और विभिन्न रूपों में एकता की अभिव्यक्ति भारतीय संस्कृति की सोच रही है।

— यहाँ भारत में, हमने अपने समक्ष मानव के समग्र विकास के लिए शरीर, मन, बुद्धि और आत्मा की आवश्यकताओं की पूर्ति करने की चार स्तरीय जिम्मेदारियों का आदर्श रखा है।

— मानवीय ज्ञान आम सम्पत्ति है।

— यदि व्यक्ति को स्वतन्त्र होना है तो समाज स्वतन्त्र चाहिए।

— भारतीय संस्कृति की मौलिक विशेषता है कि यह जीवन को एकीकृत समग्र रूप में देखती है। वहाँ जीवन में विविधता और बहुलता है, लेकिन हमने हमेशा इसके पीछे की एकता को खोजने का प्रयास किया है।

— शक्ति हमारे असंयत व्यवहार में नहीं बल्कि संयत कार्यवाही में निहित है।

— सम्प्रदाय, प्रान्त, भाषा, वर्ग आदि का महत्त्व तभी तक होता है, जब तक कि वे राष्ट्रहित के लिए अनुकूल होते हैं। वे वैसे न रहें, तो उनकी बलि चढ़ाकर भी राष्ट्र की रक्षा करनी चाहिए ।

— मुसलमान हमारे शरीर का शरीर और खून का खून हैं, इसलिए उनको अलग रखकर किसी प्रकार के तुष्टिकरण के विचार का औचित्य ही नहीं है।

— पश्चिमी विज्ञान और पश्चिमी जीवन दो अलग-अलग चीजें हैं, जहाँ पश्चिमी विज्ञान सार्वभौमिक है, और यदि हमें आगे बढ़ना है तो इसे हमारे द्वारा अवश्य अपनाया जाना चाहिए, वहीं पश्चिमी जीवन और मूल्यों के बारे में ये बातें सत्य नहीं हैं।

संस्मरण

राष्ट्रीय सम्पत्ति है

दीनदयाल जी एक नागरिक होने के नाते देश के लिए कितने कर्तव्यनिष्ठ थे, इस विषय में हमारे पूर्व प्रधानमन्त्री श्री अटल बिहारी वाजपेयी जी लिखते हैं—

इनका परिचय देनेवाली एक घटना मैं कभी भूल नहीं सकता। राष्ट्रीय स्वयंसेवक संघ के सरसंघचालक परमपूज्य गुरुजी रेल के प्रथम श्रेणी के डिब्बे में थे। उपाध्याय जी अन्य मित्रों के साथ दूसरी श्रेणी के डिब्बे में थे। बीच में किसी कार्य से उन्हें परमपूज्य गुरुजी से मिलने जाना पड़ा। थोड़ी देर प्रथम श्रेणी के डिब्बे में बैठकर बातचीत समाप्त करके वे अपने डिब्बे में आ गये। आने के साथ ही उन्होंने टिकट चैकर को ढूँढना शुरू कर दिया। हम सभी को बड़ा आश्चर्य हुआ। उनसे पूछा कि टिकट तो आपके पास है फिर चैकर की ढुँढायी क्यों कर रहे हो? उनका उत्तर सुनकर हम लोगों का माथा झुक गया। उन्होंने कहा कि मैं जितनी देर प्रथम श्रेणी के डिब्बे में बैठा था उसका मुझे अतिरिक्त किराया चुकाना है। रेलवे राष्ट्रीय सम्पत्ति है, हमें उसकी रक्षा करनी है।

—अटल बिहारी वाजपेयी

अपने बारे में नहीं सोचा

दीनदयाल का सबसे बड़ा गुण, जिसने मुझे सबसे अधिक प्रभावित किया वह यह था कि वे अपने बारे में कभी नहीं सोचते थे। 'ऑर्गेनाइजर' में उनका एक साप्ताहिक कॉलम 'पॉलिटिकल डायरी' हम लिखवाते थे। वे उस कॉलम में देश के सम-सामयिक विषयों पर लिखते थे। पंडित जी उस समय देशभर का दौरा करते थे। बहुत लोगों से उनका मिलना-जुलना होता था। मैंने उनसे आग्रह किया कि आप जब प्रवास से लौटकर आते हैं तो यात्रा-प्रवास के अनुभव ऑर्गेनाइजर में लिखकर दिया करें। इससे पाठकों को लाभ होगा और हमारे पाठक बढ़ेंगे। दीनदयाल जी ने प्रवास से आने के बाद एक दो बार तो अवश्य उस तरह के यात्रा-प्रवास का वृतान्त भेजा। उसके बाद उन्होंने नहीं भेजा। मैं एक दिन उनके पास गया और पूछा कि आपका आलेख नहीं आ रहा। उन्होंने कहा कि "लाल मैं अब नहीं लिख पाऊँगा। मैं समझ गया कि आखिर दीनदयाल जी क्यों नहीं लिख रहे। उन्हें उस यात्रा वृतान्त में अपने बारे में लिखना पड़ता था। वे अपने बारे में लिखना नहीं चाहते थे। वे अपनी प्रसिद्धि नहीं चाहते थे। क्योंकि उनका जीवन अपने बारे में कभी सोचनेवाला रहा ही नहीं।

—लालकृष्ण आडवाणी

पंडित दीनदयाल उपाध्याय

(संक्षिप्त कालानुक्रम)

1916	25 सितम्बर	ग्राम नगला चन्द्रभान, मथुरा (उ.प्र.)में जन्म
1918		छोटे भाई शिवदयाल का जन्म
1919		पिताश्री भगवती प्रसाद का निधन
1923	8 अगस्त	माता श्रीमती रामप्यारी का निधन
1925		गंगापुर से शिक्षा का आरम्भ
1926	सितम्बर	नाना का निधन
1931		मामी का निधन
1934		दसवीं परीक्षा उत्तीर्ण (सीकर से)
1934	18 नवम्बर	छोटे भाई शिवदयाल का निधन
1936		इंटरमीडिएट उत्तीर्ण (राजस्थान बोर्ड में प्रथम स्थान)
1936		बी.ए. में प्रवेश (कानपुर)
1936		राष्ट्रीय स्वयं सेवक संघ के सम्पर्क में आए।
1937	14 जनवरी	कानपुर शाखा में पंडित सातवेलकर ने संघ की ध्वजा भेंट की।

1939		बी.ए. प्रथम श्रेणी उत्तीर्ण
1939		एम.ए. अँग्रेजी साहित्य में प्रवेश (आगरा)
1941		बी.टी. परीक्षा पास की (प्रयाग)
1942		संघ शिक्षा का द्वितीय वर्ष पूर्ण किया
1942		संघ के प्रचारक बन लाखिमपुर खीरी (उत्तर प्रदेश) गये।
1945		उत्तर प्रदेश के सह प्रान्त प्रचारक बने।
1951		भारतीय राजनीति में प्रवेश (जनसंघ के माध्यम से)।
1951		उत्तर प्रदेश के महामन्त्री।
1952		जनसंघ के दूसरे महामन्त्री बने।
1958		जनसंघ ने उनके नेतृत्व में चुनावों में प्रथम बड़ी सफलता प्राप्त की।
1963		विश्व के विभिन्न देशों का भ्रमण किया।
1967	19 दिसम्बर	जनसंघ के अध्यक्ष बने (कालीकट अधिवेशन में)।
1968	11 फरवरी	मृत्यु (मुगलसराय)।